# „Glaubhaft ist nur Liebe"[1] oder der

# ,Ort' der Caritas im Leben der Kirche

## I

„Die Verurteilung des Großinquisitors!"[2] Mit dieser
Überschrift als Epilog endet das Buch von Hans Urs
von Balthasar „Der antirömische Affekt". Balthasar
bezieht sich in seinem Epilog auf Dostojewskis
Legende vom Großinquisitor, der den wiederge-
kehrten Christus verurteilt. Christus habe der
Menschheit ein Geschenk gemacht, von dem er
wusste, dass es die Menschen überfordert. Das ist
seine Schuld! Der Mensch – so die Meinung des
Großinquisitors – kann mit der Freiheit nicht
umgehen. Sie ihm zu geben, sie ihm als Geschenk zu
machen, ist frevelhaft, besonders deshalb, weil
Christus von der Überforderung wusste. Der Mensch
muss zu seinem eigenen Schutz domestiziert, geführt
und kontrolliert werden. So zumindest die Meinung,
nicht nur des legendären Großinquisitors von
Dostojewski, sondern aller Machthaber und
Despoten zu allen Zeiten und an allen Orten. Sie
beanspruchen die Macht und geben vor, es
ausschließlich zum Wohle aller Menschen zu tun.

1 Buchtitel von Hans Urs von Balthasar
2 Hans Urs von Balthasar „Der antirömische Affekt", Freiburg-
Basel-Wien 1974, S. 295 ff

Auch die Kirche- und das ist besonders tragisch, weil sie etwas Anderes verkünden und verwirklichen soll- ist, wo sie weltliche Macht besaß und besitzt, auch nur allzu anfällig für das süße Gift der Korruption, Rechthaberei und Selbstbeweihräucherung. Darum ließ Balthasar die Geschichte vom Großinquisitor nicht dort enden, wo Dostojewski sie enden ließ. Balthasar führte Dostojewskis Legende weiter. Nach 300 Jahren wird der Großinquisitor selbst vor Gericht stehen. Ihm wird der Prozess gemacht:

> „Ganz richtig: „Erst kommt das Fressen, dann kommt die Moral", aber wir sind es, nicht du, die damit ernst gemacht haben. Und siehst du, der Witz der Weltgeschichte liegt darin, dass wir, nicht du, damit das Gebot deines Christus erfüllen, dass es besser sei, etwas zu leisten, als „Herr, Herr!" zu sagen. Erst kommt das Handeln, dann, wenn noch Platz dafür ist, der Glaube. Wir Orthopraktiker sind näher beim Evangelium als du, aber glauben atheistisch an Gott…Wir handelnde Christen sind mündig genug, auch unter der Flagge des Marxismus zu segeln und trotzdem wir selber zu sein. Wir können ebensogut als Jesuiten Nietzscheaner sein und sind es wirklich und mit gutem Gewissen, denn der von dir eingerichtete fromme Verein ist doch lauter bürgerliche

Verlogenheit und dekadente Selbsttäuschung einer in ihren Konventionen hoffnungslos eingeschlossenen Gesellschaft..."[3]

Wie endet diese bittere Anklage bei Balthasar? Sie endet eigentlich nicht wirklich, sondern bricht ab mit dem Eingeständnis,

„Dass der Erste wirklich an den letzten Platz gelangen kann, ohne seinen Dienst aufzugeben."[4]

So kann sie enden. Doch muss, ja sollte sie so enden? Auf diese bittere Anklage kann es durchaus auch einen Lobpreis geben, weil Botschaft und Botschafter oft nicht identisch sind. Darum kann solch ein Lobgesang auch von Menschen kommen, die mit der Institution eigentlich nicht so recht vorankommen oder sie gänzlich ablehnen. Wie beispielsweise Eugen Drewermann, dessen Hymnus auf die Kirche sowohl Schmerz als auch Sehnsucht verrät:

„Dann verbleibt eine nie endende und tief empfundene Dankbarkeit zu jener <<unsichtbaren Kirche>>, die besteht aus all den

3 Hans Urs von Balthasar „Der antirömische Affekt", Freiburg-Basel-Wien 1974, S. 296

4 Hans Urs von Balthasar „Der antirömische Affekt", Freiburg-Basel-Wien 1974, S. 298

vielen, die in ihrem Leben und mit ihrem
Leben standen und einstanden für ihren
Glauben an die Botschaft Jesu, ein Reich
Gottes sei möglich inmitten dieser Welt.
Durch ihren Einsatz, ihre Unbeirrbarkeit,
durch ihren Mut und ihre Treue ging Jesu
Zeugnis weiter, und jeder, der es auf sich
nimmt, erkennt in ihnen seine wahren
Brüder, seine wahren Schwestern wieder. Es
gibt sie doch, jene Gemeinschaft <<aller
Heiligen>>, der wir in aller Unvollkom-
menheit, doch voller Sehnsucht bewundernd
und bestärkt entgegenwandern, von ihr
getragen und verlockt in dem Gebet, das
Jesus seine Jünger lehrte: <<Unser Vater,
himmlischer du, was du bist, das gelte, was
du wirkst, das komme, was du willst,
geschehe, wie im Himmel, so auf Erden.>>
(Mt 6,9.10)[5]

Diese Sehnsucht, dieser Schmerz sind nicht unbe-
gründet ob der vielen Anfragen an die Institution
Kirche. Das ist insofern besonders tragisch, wenn in
Anschlag gebracht wird, dass die Relevanz der
Kirche angesichts der Aufgaben, die heute für die
Kirche anstehen auf Grund der vielen ungelösten
Fragen und Probleme und auch vieler neuartiger
Nöte, kaum überschätzt werden kann.

---

5 Eugen Drewermann „Wendepunkte", Ostfildern 2014, 326

Hier scheint mir gewissermaßen der ‚Ort' der Caritas in der Kirche zu sein – ihr „Sitz im Leben". Eugen Drewermann drück diesen Sachverhalt wie folgt aus:

> „Die Religion, speziell die christliche, hat mehr, unendlich mehr und tieferes zu lehren als: ‚Du musst', ‚Du sollst' und: ‚Du darfst nicht'. Sie bietet in gewissem Sinne allererst die Grundlage dafür, dass Menschen hinreichend mit sich identisch sind, um tun zu können, was sie moralisch wollen und was sie ethisch sollen.[6]

## II

Wie können wir mit all diesen Fragen ‚intellektuell redlich' umgehen? Mir scheint, dass es nur im Gebet geht. Doch genau dieser Zugang scheint heute vielen Menschen versperrt zu sein. Was ist das – ‚Gebet'? Hat ‚Gebet' überhaupt einen Sinn in einer Zeit, die aufgeklärt ist und vermeintlich alles naturwissenschaftlich hinreichend erklären kann? Und gibt es nicht so viel Enttäuschung, weil allzu viele Bitten eben nicht erhört worden sind? Selbst ein so frommer Schriftsteller wie Reinhold Schneider, der in den Kriegswirren des vergangenen Jahrhunderts vielleicht d e r große Beter und Tröster war, der 1936 noch schreiben konnte in seinen Sonetten:

---

6 Eugen Drewermann „Wendepunkte", Ostfildern 2014, 16

> „Allein den Betern kann es noch gelingen, das Schwert ob unsern Häuptern aufzuhalten..."

scheint doch letztlich in Bezug auf das Gebet resigniert zu haben. In seinem Werk „Pfeiler im Strom" hat er dieser Enttäuschung am Bittgebet folgenden Ausdruck gegeben:

> „Es wird keineswegs jedes Gebet erhört, und selbst tief fromme Menschen, die vom Ende des Jahres 1956 erschüttert werden, sind zu der Ansicht gekommen, dass es den Betern nicht mehr gelingen wird. Offenbar ist es ihnen ja schon im letzten Kriege, in Sibirien und Dachau und Auschwitz, und angesichts des verworrenen ungarischen Trauerspiels nicht gelungen."[7]

Wo kommt uns Hilfe her? Vielleicht sollten wir in dieser Situation zunächst noch einmal der Frage nach dem Zusammenhang von Glaube und Leben nachgehen. Denn wenn es diesen Zusammenhang nicht gibt, können Lebensfragen auch keine Antwort im Gebet erhalten. Karl Lehmann schreibt über seinen Lehrer Karl Rahner, den er sowohl als großen Theologen wie auch als großen Beter erlebt hat:

_____

7 Reinhold Schneider „Pfeiler im Strom", Freiburg-Basel-Wien 1961, S. 397

„Karl Rahner hat ein weites Verständnis von Gebet. Jede gemachte Erfahrung – des Freudigen und des Schrecklichen – weist über sich hinaus in das Land einer unbegrenzten Hoffnung, darin Gott wohnt. Einem Gesprächspartner antwortet er auf die Frage ‚Beten Sie?‘: ‚Ich hoffe, dass ich bete. Sehen Sie, wenn ich in meinem Leben immer wieder in großen und in kleinen Stunden eigentlich merke, wie ich an das unsagbare, heilige, liebende Geheimnis grenze, das wir Gott nennen, und wenn ich mich dem stelle, gleichsam auf dieses Geheimnis mich vertrauend, hoffend und liebend einlasse, wenn ich dieses Geheimnis annehme, dann bete ich – und ich hoffe, dass ich das tue.‘… Beten ist also ein vielfältiges Zeugnis des Glaubens, der sich zur Sprache bringt".[8]

Es geht tatsächlich darum, dass wirklich jede Erfahrung, die wir im alltäglichen Leben machen, über sich hinausweist. Die Frage bleibt: Wohin zielt diese Erfahrung? Machen wir nicht auch in der Caritas viel zu oft die Erfahrung des Vergeblichen? Sei es in Beratungsgesprächen, in Hilfeplanverfahren, in der Arbeit mit suchtkranken oder pflegebedürftigen Menschen? Und wenn wir erst in die ‚große Politik‘ schauen, wo Machtstrukturen

---

8 Karl Lehmann in „Beten mit Karl Rahner"-Freiburg-Basel-Wien 2004, Band 2 „Gebete des Lebens", 9f

Gerechtigkeit verhindern und Korruption fördern, wo ein Menschenleben nichts wert zu sein scheint, wo das Recht des Stärkeren oft genug die Stärke des Rechts abgelöst hat – wohin zielen all die Fragen und Erfahrungen? In's Nichts? Oder ist es nicht vielmehr so, dass innerhalb dieser Fragen sich etwas meldet, das darauf hindeutet, dass es mit den so genannten ‚Tatsachen‘ nicht getan sein kann, wenn wir menschlich bleiben wollen?

Karl Rahner nahm in seiner Zeit auf diese und ähnliche Absurditäten und Schrecken in einer Art und Weise Stellung, die auch heute hilfreich sein kann, wenn wir an gegenwärtige „Mahnmale der Absurdität" denken:

> „Wer vor die Gräber von Auschwitz oder Bangla Desh oder andere Mahnmale der Absurdität des menschlichen Lebens tritt und es fertigbringt, weder davonzulaufen (weil er diese Absurdität nicht aushalten kann) noch zynisch zu verzweifeln, der glaubt, auch wenn sein Verstand stillsteht, an das, was wir Christen das ewige Leben nennen… Man kann radikale Liebe, Treue und Verantwortung, die sich nie ‚rentieren‘, leben *und* ‚meinen‘, alles menschliche Leben verschwinde im sinnlosen Nichts, aber *im* Akt solcher Lebenstat selbst ist diese Meinung nicht enthalten, und sie widerspricht dem,

was man tut. Solche *Grundtaten* des Lebens setzen die Hoffnung auf Endgültigkeit… bejahen die erste und letzte Voraussetzung solcher Hoffnung, die wir Gott nennen." [9]

## Exkurs: Gott, unser Vater? – „Winter in Wien" von Reinhold Schneider im Gespräch

Wir sollten an dieser Stelle noch einmal innehalten und einem ‚Gespräch' lauschen, das in der Mitte des vergangenen Jahrhunderts geführt wurde – nicht direkt, eher indirekt, denn Reinhold Schneider starb am 06. April des Jahres 1958, am Karsamstag dieses Jahres. Kurz zuvor hatte er sein letztes Werk „Winter in Wien" selber im Verlagshaus Herder in Freiburg abgegeben. Wie wurde dieses ‚Wiener Tagebuch' von den Lesern aufgenommen? Viele unterschiedliche Meinungen wurden geäußert. Ein Buchtitel – eigens zu diesem Thema – bringt die Problematik auf den Punkt: „Widerruf oder Vollendung" – Reinhold Schneiders „Winter in Wien" in der Diskussion"[10]. An dieser Stelle kann nicht umfänglich auf diese Diskussion eingegangen werden, allerhöchstens ein paar ‚Schlaglichter' können die Situation bzw. deren Konturen andeuten.

---

9 SW 23, S. 409-415, ursprünglich aus Karl Rahner „Das große Kirchenjahr", Freiburg im Breisgau 1987, Leipzig 1990, S. 271
10 Freiburg-Basel – Wien 1981; das Buch ist Band 3 der Schriften der Reinhold Schneider – Stiftung Hamburg – Bezug genommen wird in den Texten auf die Ausgabe von „Winter in Wien" – Freiburg 1958.

Da ist zunächst Karl Pfleger, der sich mit Schneiders Spätwerk sehr einfühlsam auseinandersetzt. Sein Fazit ist ambivalent und mehrdeutig. Pfleger schreibt über Reinhold Schneider:

> „Es ist das stille ergebene Klagelied einer zarten, weichen Dichterseele, die sich in den Tiefen der Existenz so weit verirrte, dass sie die Sterne, so sehr sie sich mühte, nicht mehr leuchten sah. Sind sie nicht mehr da in Wirklichkeit? *Das hat Reinhold Schneider niemals gesagt. In keiner einzigen Zeile… steht etwas, was auf eine Leugnung der Wahrheit des Glaubens hinauskäme.* Den Wahrheitsbereich lässt er unangetastet…"[11]

> „Ein so dogmatisch veranlagtes Genie wie Claudel hat diese Schwierigkeiten tief verspürt, so tief, dass sein dichterisches und schriftstellerisches Lebenswerk darauf hinausläuft, die Gesamtwirklichkeit in ihren zwei Aspekten, dem natürlichen und übernatürlichen, in Einklang zu bringen. Von solch einem Unternehmen fühlt sich Reinhold Schneider für den, wie er weiß, sehr kleinen Rest seines Lebens ausgeschlossen; *weil sein Glaubensbewusstsein vor dem Geschichtsbewusstsein kapituliert hat, meinen wir;* weil es

---

11 Karl Pfleger „Kundschafter der Existenztiefe", Frankfurt am Main 1959, 272 – Kursivdruck RH

ihm durch den Lauf und das Gewicht seines Lebens so bestimmt ist, meint er." [12]

Hans Urs von Balthasar, der sich intensiv mit Reinhold Schneider befasst hat, kommt zu einem negativen, ich möchte sagen, auch ungerechten Urteil, das Schneiders Bemühungen um eine Glaubensdeutung des Weltgeschehens nicht gerecht zu werden vermag.

> *„Reinhold Schneider, diese tragische Äolsharfe – die später wirklich zerbrach* und an Stelle der genauen nur noch verworrene Klänge von sich gab (<<Winter in Wien>>)...so dass sich für mich unweigerlich die Aufgabe stellte, das Gleiche mit andern Mitteln, unter anderen geschichtlichen und theologischen Vorzeichen zu wagen als dieser Einsame, Tragische, Scheiternde, der um die größten Aufträge wusste, den eigenen aber *nicht ohne die heimliche Rechthaberei des überforderten Job* auszuleben vermochte..."[13]

---

12 Karl Pfleger „Kundschafter der Existenztiefe", Frankfurt am Main 1959, 279

13 Hans Urs von Balthasar „Zu seinem Werk", Einsiedeln-Freiburg 2000, 63 f – identisch mit „Mein Werk" – Durchblicke", Einsiedeln-Freiburg 1990, 57 f, *RH*

Offensichtlich konnte Balthasar es kaum ertragen, was Schneider bezeugte, was ihm in Wien widerfuhr.

> „Des Vaters Antlitz hat sich ganz verdunkelt; es ist die schreckliche Maske des Zerschmeißenden, des Keltertreters; ich kann eigentlich nicht ‚Vater‘ sagen."[14]

Kann man wirklich davon sprechen, dass sich hier eine „heimliche Rechthaberei" durchgesetzt hat? Kann man aus dieser Aussage ableiten, dass der „eigene Auftrag" nicht erfüllt wurde, weil Reinhold Schneider, diese „tragische Äolsharfe zerbrach?" Ich denke, das Gegenteil ist der Fall, der „eigene Auftrag" wurde sogar in überreichem Maße erfüllt. Denn Schneider wollte und konnte die Wahrheitsfrage nicht unterdrücken, um sie einzutauschen gegen Beliebtheit und Anpassung an Erwartungen.

Ob Karl Rahner sich explizit mit Reinhold Schneiders „Glaubensentzug" auseinandergesetzt hat, entzieht sich unserer Kenntnis. Aber implizit verdanken wir Karl Rahner eine Wertung von Schneiders „Winter in Wien", die nicht nur von großer Empathie Rahners gegenüber existentiellen Glaubensfragen Zeugnis ablegt. Sie lässt uns „Winter in Wien" auch als tiefes Glaubenszeugnis wahrnehmen und verstehen – nicht ohne persönliche

---

14 Reinhold Schneider „Winter in Wien", Freiburg-Basel-Wien 1958, 1963, S. 110

Betroffenheit über den Ernst und die Tiefe der Wahrheitssuche Reinhold Schneiders.

> „Darf die Wahrheit etwa nicht erlösen und selig machen? Das ist die Frage. An ihr entscheidet sich unser Leben; wer für die selige Wahrheit optiert, sagt schon ‚Vater' zu ihr. Und, so ist zu hoffen erlaubt, wer meint, für eine tödliche Wahrheit optieren zu müssen, um wahr zu bleiben, der hat wegen dieser Treue zur vermeintlich bitteren Wahrheit im Grunde des Herzens nochmals die selig bergende Wahrheit des Vaters geliebt."[15]

Karl Rahner konnte sich nicht nur in viele Fragen des Glaubens hineindenken. Er konnte mitfühlen und sich in die Glaubensnot und Glaubensfreude gleichermaßen ‚einfühlen'. Rahner fand auch treffende Formeln, die das Gemeinte plastisch vor Augen stellen, wie die des ‚bekümmerten Atheisten', mit denen er sich – aus geschwisterlichem Glauben heraus – solidarisierte. Ja, man könnte fast sagen, Karl Rahner verbat sich selbst jegliches Urteil, ob jemand vielleicht auf Grund seiner Glaubensschwierigkeiten Gott verloren hat. Ganz im Gegenteil, selbst bei den größten Schwierigkeiten des Glaubens fand er (noch) Formen des Glaubens, die er dann in's Wort brachte.

---

15 Karl Rahner Lesebuch „Rechenschaft des Glaubens", Freiburg-Basel-Wien 1979, S. 171 (Aus „Gnade als Freiheit", S. 24-29, „Gott, unser Vater")

Vielleicht liegt hier eines der größten Vermächtnisse Karl Rahners für die heutige Zeit und auch für die Zukunft: Bei aller offenkundigen Resignation, ja Verzweiflung zu entdecken, dass hier eine ‚Reise' angetreten wurde, deren Ziel dem ‚Reisenden' selbst oftmals nicht klar ist und unverständlich bleibt. Darum braucht es die Deutung, darum braucht es die Glaubensgemeinschaft, darum braucht es die Kirche als Zeugengemeinschaft einer unbesiegbaren Hoffnung, die auch dort noch – stellvertretend – weiterträgt, wo die Kraft des Einzelnen nicht (mehr) ausreicht.

> „Der Glaubende wird aber aus eigener Erfahrung alles Verständnis für einen ‚bekümmerten Atheisten' haben, für einen, der verstummt vor dem finsteren Rätsel des Daseins. Man kann ruhig mit Simone Weil sagen, dass von zwei Menschen, die beide keine echte Erfahrung Gottes gemacht haben (und das mag auch von schrecklich vielen gelten, die sich Christen nennen), derjenige, der ihn leugnet, vielleicht Gott näher ist als der, der von ihm nur in gesellschaftlichen Klischees daherredet. Ein solcher ist Gott deshalb näher, weil die unerfüllte metaphysische Sehnsucht (sofern diese wirklich da ist und man sich ihr aussetzt, sie bekümmert ausgelitten wird und nicht nochmals narzisstisch genossen wird) insgeheim mehr

von Gott weiß als der sogenannte ‚Gläubige‘, der meint, Gott sei eine Frage, mit der er schon längst fertig geworden sei." [16]

„Aber worin besteht denn die Annahme positiv? Das ist schwer zu sagen, weil diese Annahme selbst unter tausend verschiedenen Gestalten auftreten kann, in denen ihr Gemeinsames fast nicht erkennbar ist: tapferer Kampfeswille, der einfach nicht aufgibt, nüchterne Geduld, heroische Kreuzesliebe, klaglos wissende Teilnahme am Schicksal aller, Vergessen des Eigenen über dem Leid der anderen, solche und ähnliche Gestalten der Annahme gibt es viele. Mir will scheinen, dass *der* Gekreuzigte alle diese Gestalten ausgemessen hat, wenn er am Kreuz schreit: Gott, mein Gott, warum hast du mich verlassen?, *und* betet: Vater, in deine Hände empfehle ich mein Leben. Im ersten bleibt das Kreuz das Unbegreifliche und wird nicht wegideologisiert. Im zweiten ist es als dieses Bleibende angenommen. Das Ganze kann auch dann noch dasein, wenn wir das erste Wort schreien und das zweite nur in willigem Verstummen gesprochen wird. Ob wir völlig verstummen oder nicht, wenn uns der Tod die Stimme verschlägt, das

---

16 SW 15, 392

ist wohl das letzte Geheimnis unseres Lebens." [17]

## III

Die erste und letzte Voraussetzung der Hoffnung – so der Hinweis von Karl Rahner – nennen wir Gott. Eben, weil Beten... ein vielfältiges Zeugnis des Glaubens (ist), der sich zur Sprache bringt" (Lehmann). Die Frage bleibt: Kann man das wirklich glauben? Oder ertrinkt doch alles im ‚Feuer-Bach' der Religionskritik. Sie ist insofern relevant, weil sie das Gespräch über Gott in Gang hält. Sie wird schwierig, wenn sie vorgibt, im Besitz absoluten Wissens zu sein. Der ‚Thron Gottes' muss immer wieder – das scheint uns eine der wesentlichen Aufgaben des Glaubens heute, zumindest auch, zu sein, – freigehalten, mitunter freigekämpft werden. Auch von Bildern und Begriffen, die uns hineinleiten können in das uns ermöglichende und umgebende Geheimnis, das wir uns aber per se nicht ‚untertan machen können.' Auch die eigenen Gottesbilder, auch die exaktesten Begriffe und Definitionen – sie sind nicht GOTT! Weil viele Menschen diesen Status nicht aushalten oder akzeptieren, erleben wir immer wieder die Verführung durch neue ‚Götter'.

---

17 SW 23, 376-382; Karl Rahner „Das große Kirchenjahr", Freiburg-Basel-Wien 1987, Leipzig 1990, S. 214

Wir werden als Christen mit dieser Wirklichkeit leben müssen. Eine andere gibt es nicht. Die Welt ist durchzogen von tragischen Widersprüchen. Wir können immer wieder nur – und zwar täglich neu – versuchen, unseren Teil zur Verbesserung der Situation beizutragen. Das ist unsere, uns von Gott her auferlegte moralische Pflicht, ohne die wir uns selbst verfehlen würden. Für Karl Rahner gab es eine *Tugend,* die für uns heute hilfreich sein kann angesichts dessen, was wir erleben in Kirche und Gesellschaft. Hilfreich insofern, dass wir glauben und vertrauen können, ohne uns selbst zu belügen oder Aspekte der Wirklichkeit auszublenden.

„Diese Mitte, in der die vorausgehende Reflexion auf die Legitimität einer Entscheidung ernst genommen wird, und in der dennoch von dieser Reflexion nicht mehr verlangt wird, als sie leisten kann und die trotzdem nicht den Mut einer ruhigen und tapferen Entscheidung verhindert, markiert das richtige Selbstverständnis des Menschen, der weder der Gott einer schlechthinnigen und allseitigen Sicherheit und Klarheit ist, noch das Wesen einer leeren Beliebigkeit, in der alles gleich richtig und gleich falsch ist, der Konturen hat, die zu respektieren sind, obwohl sie den Glanz des Göttlichen und

Selbstverständlichen nicht haben. Es ist schwer, diese Mitte zu halten…"[18]

Weil nur Liebe glaubhaft ist, und weil die Botschaft des Glaubens eine der Liebe und der Hoffnung ist – auch für die Kirche und ihr Glaubenszeugnis, das in der gelebten Caritas greifbar und erfahrbar ist, darum soll ein Gebetswort Karl Rahners unsere Überlegungen zum ‚Ort' der Caritas in der Kirche beschließen:

> „Für die Kirche soll ich beten, mein Gott… Mein Glaube kann doch nur leben, in der Gemeinschaft derer, die zusammen die Heilige Kirche Jesu bilden…Mein Gott, hab Erbarmen mit uns armen engen und sündigen Toren, die wir deine Kirche bilden, hab mit denen Erbarmen, die sich deine Stellvertreter nennen (Ich finde das Wort, ehrlich gestanden, nicht gut, weil sich Gott doch nicht vertreten lassen kann.) Hab Erbarmen mit uns. Ich will nicht zu denen gehören, die die Amtspersonen in der Kirche tadeln und noch mehr als sie dazu beitragen, dass deine Kirche unglaubwürdig erscheint…Man kann

---

18 Rahner in „Mut zur Tugend", Freiburg-Basel-Wien 1979, 17)

auch legitime Hochgesänge auf die heilige Kirche singen. Sie bekennt ja durch alle Zeiten hindurch deine Gnade und dass du über alles, was außer dir gedacht werden kann, unaussprechlich erhaben bist. Und darum hat sie bis zum Ende der Zeiten eine Existenz, auch wenn ich dann das Reich Gottes erwarte, das auch die Kirche aufhebt. Aber auch ein etwas bitterer Klagegesang und ein Flehen um das Erbarmen Gottes für die Kirche preist diese Kirche und dein Erbarmen."[19]

---

19 Beten mit Karl Rahner", Band 2 Karl Rahner „Gebete des Lebens", Freiburg-Basel-Wien 2004, 126 ff

## „Leben, als ob es Gott gibt"[20] – Glaubensfragen - Glaubenszeugen

### I

„Wie nötig wäre Religion!" – Diese Anfangsworte aus Eugen Drewermanns „Wendepunkte" bilden in gewisser Weise den Kontrast zu der oft bitteren Erkenntnis, die heute oft schmerzhaft und durchaus tragisch zur Kenntnis genommen werden muss, dass sehr vieles verlorengeht, was nicht verlorengehen sollte, ja, nicht verlorengehen darf. Dass wir ‚im real existierenden Kapitalismus' leben, dem gegenüber Kirche, Christentum ein ganz eigenes, alternatives Lebenskonzept gegenüberstellen könnte, ja müsste! Dem korrespondiert die Erfahrung, dass genau das oft genug nicht geschieht. Das mag man einerseits achselzuckend feststellen und bedauern. Andererseits kann, ja muss es uns Ansporn sein, unsere Berufung und die sich daraus ergebende Verantwortung (endlich!) besser wahrzunehmen. Dazu eine kleine geschichtliche Anmerkung: Christen, die ihr Glaubenszeugnis unter ideologischen Diktaturen leben mussten, haben Erfahrung damit, dass z.B. dem ‚real existierenden Sozialismus' nicht beizukommen war mit wohldosierter bürgerlicher Anständigkeit. Wenn wir als Kirche die Religion verkommen lassen zum ‚Sahnehäubchen' bürgerlicher Gemütlichkeit, werden wir auch heute jener

---

20 Buchtitel von Heinz Zahrnt, München-Zürich 1994

Berufung nicht gerecht, zu der uns der ‚Herr' in dieser Stunde ruft. Denn eines scheint uns heute klarer und erkennbarer denn je: Jene Einsicht, die Eugen Drewermann in seinem Grundlagenwerk „Strukturen des Bösen" auf die einfache Formel gebracht hat: **„*Leben gibt es nur im Glauben*"**[21]. Die Evidenz scheint uns verblüffend einfach zu sein:

> „Dies ist der Schritt des *Glaubens:* dass ich mich selbst… meine…Existenz als geschaffen, vom Unendlichen her als bejaht, gewollt, berechtigt entdecken kann und dass diese Entdeckung es ermöglicht, mich selbst zu akzeptieren…. dass ich den Grund und die Rechtfertigung meines Daseins nicht zu erschaffen brauche, weil es diese Grundlage meines Daseins bereits gibt…denn Gott hat mein Leben gewollt." [22]

Und wenn wir in Karl Rahners vielleicht bekanntestes Werk *„Von der Not und dem Segen des Gebetes"* schauen, werden wir dieser Evidenz in gleichem Maße ansichtig:

> „Er ist da. Er ist mitten in deinem verschütteten Herzen. Er allein. Er aber, der alles ist

21 Eugen Drewermann „Strukturen des Bösen", Paderborn-München-Wien-Zürich 1988 (Sonderausgabe, identisch mit der Ausgabe von 1986; erste Auflage: 1978, Band III, S.XLI ff)
22 Eugen Drewermann „Strukturen des Bösen", Paderborn-München-Wien-Zürich 1988 (Sonderausgabe, identisch mit der Ausgabe von 1986; erste Auflage: 1978, Band III, S. 546

und darum so aussieht, als wäre Er nichts. Er ist da, nicht obwohl, sondern weil du sonst nichts mehr hast, nicht einmal mehr dich."[23]

Rahner verbindet mit dieser Einsicht jedoch noch eine andere. Weil ER da ist, weil ER uns meint, weil ER uns zuvorkommt mit SEINER Zuwendung, können wir in SEINER Kraft (Gnade) mit IHM reden und uns auf IHN hinwagen (Gebet). Doch wir sind niemals nur abhängige ‚Befehlsempfänger‘. Rahner denkt groß vom Menschen, weil er groß von Gott denkt. Und groß von Gott denken heißt, dass Gott Menschen so ‚schafft‘, dass sie SEINER Liebe auch tatsächlich antworten können.

> „In den Tiefen der Seele hausen nicht nur die Dämonen der Nacht, der Gier und des Hasses, da fließen nicht bloß die Grundwasser der Bitterkeit, von denen ein paar Tropfen nur in die Augen treten, da ist nicht bloß der Abgrund der Skepsis, der alles vernichtend verschlingt; nein, da ist – noch tiefer als all das, noch mächtiger als all das – der Heilige Geist, angebetet und gebenedeit in Ewigkeit. Und nur ein leises, schüchternes und gläubiges Ja, und dieses Tiefste in den Tiefen, dieser Abgrund der Gottheit in den

---

23 Beten mit Karl Rahner", Band 1 Karl Rahner „Von der Not und dem Segen des Gebetes", Freiburg-Basel-Wien 2004, S.58 – (Ausgabe 1991/1992, S. 24)

Abgründen der Seele ist mein. Er ist immer da. Aber er ist mein nur, wenn ich im Glauben ja sage.“[24]

## II

„Wenn ich im Glauben ja sage“ – Wie sieht das konkret in der Wirklichkeit aus? Auch hier ist Rahners Theologie ganz geerdet, denn sie lässt eine Verkürzung auf ein verbales Bekenntnis nicht zu. Das gläubige Ja umfasst alles, des Menschen gesamte Existenz mit all ihren Höhen und Tiefen, Freuden und Abgründen, Enttäuschungen und hoffenden Sehnsüchten.

> „Wer vor die Gräber von Auschwitz oder Bangla Desh oder andere Mahnmale der Absurdität des menschlichen Lebens tritt und es fertigbringt, weder davonzulaufen (weil er diese Absurdität nicht aushalten kann) noch zynisch zu verzweifeln, der glaubt, auch wenn sein Verstand stillsteht, an das, was wir Christen das ewige Leben nennen… Man kann radikale Liebe, Treue und Verantwortung, die sich nie ‚rentieren‘, leben *und* ‚meinen‘, alles menschliche Leben verschwinde im sinnlosen Nichts, aber *im* Akt solcher Lebenstat selbst ist diese Meinung

24 „Beten mit Karl Rahner“, Band 1 Karl Rahner „Von der Not und dem Segen des Gebetes“, Freiburg-Basel-Wien 2004, S.74 f/ Ausgabe 1991/1992, S. 46

nicht enthalten, und sie widerspricht dem, was man tut.Solche *Grundtaten* des Lebens setzen die Hoffnung auf Endgültigkeit... bejahen die erste und letzte Voraussetzung solcher Hoffnung, die wir Gott nennen." [25]

Die „Rechenschaft des Glaubens" verlangt geradezu danach, das Leben selbst zu befragen nach seiner Tiefendimension. Denn es ist nicht nur möglich, sondern vor allem auch nötig, all den ‚Epikureern' von heute – jenen Positivisten, die nichts Anderes gelten lassen als die paar Jahrzehnte Leben auf unserem ‚blauen Planeten' mit all seinen Freuden und Leiden, mit seiner Trauer und seinen Sehnsüchten – etwas zu erzählen vom ‚Juden Jesus aus Nazareth' mit seiner Botschaft einer Liebe, die uns umfängt, uns trägt und uns erhebt über den Staub dieser Erde. Wie sollte denn anders ‚Erlösung' sonst auch aussehen?! Und wie viele Menschen gibt es heute, die IHM ‚nachfolgen' – ohne sich dessen bewusst zu sein. Und jene, die sich dessen bewusst sind – wie sehr fehlt ihnen oft das Gespräch darüber, dass das Leben nur menschlich zu gestalten ist, wenn es eine Perspektive gibt jenseits der Todesgrenze. Franziskus wusste noch um den „Bruder Tod". Uns scheint dieses Wissen verlorengegangen zu sein. Darum scheint es uns, dass wir ein Wort

---

25 SW 23, S. 409-415, ursprünglich aus Karl Rahner „Das große Kirchenjahr", Freiburg im Breisgau 1987, Leipzig 1990, S. 271

Reinhold Schneiders über Friedrich Nietzsche auch für unsere Zeit ganz neu bedenken sollten. Schneider schrieb vor fast 90 Jahren über jenen Mann, den einige als den größten Gottesleugner, andere als den größten Gott-Sucher bezeichnen:

> „Alle, die auf Erden mit dem Einsatz ihrer ganzen Seele streiten, streiten für Gott." [26]

Und nur ein Satz davor finden wir jene Einsicht, die für ein Glaubensleben im Zeitalter der „gusseisernen Begriffe" (Dostojewski), des Positivismus und radikalen Materialismus gar nicht hoch genug eingeschätzt und gewürdigt werden kann:

> „Dem Glauben hatte im Grunde das ganze Leben des Verneiners gedient, nicht nach seinem, sondern nach einem höheren Willen; denn indem es erwies, dass ein Leben ohne den Glauben nicht möglich ist, machte es wieder Raum für den Glauben." [27]

Von jenem *Vorgang* berichtet auch Hans Urs von Balthasar, wenn er dazu bemerkt:

> „Und so kann er auch in Geistern als das anonyme Feuer lodern, und mit einer fast

26 Reinhold Schneider „Schicksal und Landschaft", Freiburg-Basel-Wien 1960, S. 300
27 Reinhold Schneider „Schicksal und Landschaft", Freiburg-Basel-Wien 1960, S. 300

erdrückenden Gewissheit gegenwärtig sein, ohne dass sich seine Epiphanie mit landläufigen Namen und Kategorien fest-bannen ließe."[28]

Balthasar lässt keinerlei Zweifel, um was es geht, denn nur ein paar Seiten weiter schreibt er völlig unzweideutig:

> „Denn alle psychologischen, kulturellen und ethischen Untersuchungen Nietzsches sind nur der Vordergrund des steten, in leiden-schaftlicher Hassliebe ausgefochtenen Kampfes um das letzte Geheimnis des Seins, um das Absolute, um Gott. In diesem Kampfe aber wird unabweisbar deutlich, dass Nietzsche nicht der einsame Kämpfer ist, für den er sich ausgibt, sondern dass da ein unsichtbarer Gegenspieler steht, der ihn in Atem, außer Atem hält und der die monologische <<Situation>>des Einsamen je in einen dialogischen <<Vorgang>> verwan-

---

28 Hans Urs von Balthasar „Friedrich Nietzsche – Anthologien", Neuausgabe Einsiedeln-Freiburg 2000, S. 187 f – interessant ist an dieser Stelle auch, wie unbekümmert und unbeschwert der große Kritiker vom ‚anonymen Christen' mit der Tatsache umgehen kann – zumindest hier – dass „land-läufige „Namen und Kategorien" durchaus ‚nicht im Gebrauch sind' bei dem, worauf es im Eigentlichen ankommt!

delt. Auf diesen, so wiederholen wir, kommt es allein an." [29]

## III

Es empfiehlt sich, gewissermaßen narrativ, gewichtige Aussagen aus geistlichen Werken vergleichend gegenüber zu stellen, um herauszufinden, ob und wo sie sich gegenseitig korrigieren bzw. ergänzen oder wo sie andere Akzente setzen und damit Einseitigkeiten zuvorkommen bzw. diese ausgleichen. Wir beziehen uns nachfolgend auf exemplarische Aussagen aus „Dass auch der Allerdniedrigste mein Bruder sei" von Eugen Drewermann und Karl Rahners „Von der Not und dem Segen des Gebetes". Beide Werke können durchaus auch heute, vielleicht gerade heute, wirksame ‚Glaubenshelfer' (Karl Pfleger) sein. Im Zeitalter der scheinbaren Gottvergessenheit werden wir auf Glaubenszeugen aufmerksam, an deren Leben und Werk wir ablesen können, wie sehr sie quasi ‚mit der eigenen Existenz gestikulieren'. Wie sie ihr Lebenszeugnis einsetzen, um die geschlossenen ‚Filterblasen' modernen Machbarkeitswahns zu durchbrechen und die Irritationsfestigkeit von angeblich selbstverständlichen Plausibilitäten zu erschüttern.

---

29 Hans Urs von Balthasar „Friedrich Nietzsche – Anthologien", Neuausgabe Einsiedeln-Freiburg 2000, S.200

„Leben als ob es Gott gibt" – wie Heinz Zahrnt seine Glaubensrechenschaft nennt – „statt eines Katechismus"[30] – ist vielleicht die einzige Form, wie Glaubensweitergabe heute – und morgen – gelingen kann. Karl Rahner hat immer wieder vom „Wagnis des Christen" [31] gesprochen, davon, dass wir auf die Option Glauben <u>im</u> Leben setzen sollten. Denn nur <u>in</u> der Glaubensannahme, <u>im</u> Glaubensengagement kann sich erweisen, ob der Glaube eine tragfähige Lebensperspektive bietet – oder eben nicht.

> „Wir sind unterwegs, Wanderer zwischen zwei Welten. Weil wir noch auf Erden wandeln, lasst uns bitten um das, was wir auf dieser Erde brauchen. Da wir aber Pilger der Ewigkeit auf dieser Erde sind, lasst uns nicht vergessen, dass wir nicht so erhört werden wollen, als ob wir hier eine bleibende Stätte hätten."[32]

> „Mitten im Innersten des bindungslos gewordenen, des kirchen– und dogmenfreien Menschen stand unversehens eine Gewalt auf, die den scheinbar ganz frei

---

30 Heinz Zahrnt, München-Zürich „Leben als ob es Gott gibt – Statt eines Katechismus" 1994

31 Buchtitel von Karl Rahner, Freiburg-Basel-Wien 1974
32 „Beten mit Karl Rahner", Band 1 „Von der Not und dem Segen des Gebetes", Freiburg-Basel-Wien 2004, eingeleitet von Rudolf Hubert und Roman Anton Siebenrock, S.129

gewordenen Menschen bedrängte und ver-
knechtete. In dem Maße, als er den äußeren
Bindungen einer allgemein verpflichtenden
Sitte, verpflichtender Grundsätze des
Denkens und Handelns sich entzog, in dem
Maße wurde er nicht eigentlich frei, sondern
verfiel anderen Herrschaften, die von innen
her ihn übermächtig überfielen: den Mächten
des Triebes, den Mächten des Geltungs-
strebens, des Machthungers, den Mächten
der Geschlechtlichkeit und des Genusses und
gleichzeitig den Ohnmächten der von innen
her den Menschen aushöhlenden Sorge, der
Lebensunsicherheit, des Sinnschwundes des
Lebens, der Angst und der ausweglosen
Enttäuschung…Er wollte ganz sich selbst
entdecken und in sich die autonome Person
von unantastbarer Würde – und hatte
eigentlich nach aller Tiefenpsychologie und
Psychotherapie und aller Existentialphilo-
sophie und aller Anthropologie, in der sich
alle Wissenschaften einfanden, um heraus-
zubringen, was eigentlich der Mensch in
seinen tiefsten Gründen und Untergründen
sei, nur entdeckt, dass in den tiefsten Tiefen
seines eigentlichen Wesens er eigentlich gar
nicht – er sei, sondern ein unübersehbares,
ungeheuerliches Chaos von allem und jedem,
in dem der Mensch eigentlich nur so etwas

ist wie ein sehr zufälliger Schnittpunkt dunkler, unpersönlicher Triebe…Weiß der Mensch von heute aus sich wirklich mehr von sich, als dass er eine Frage ist in eine grenzenlose Finsternis hinein, eine Frage, die nur weiß, dass die Last der Fragwürdigkeit bitterer ist, als dass der Mensch sie auf die Dauer erträgt?[33]

„Niemand, selbst unter den Dichtern Russlands, hat so tief nachempfunden, was es heißt, wenn Jesus im Neuen Testament seine ständigen Gegner, die hochanständigen und gottgefälligen Pharisäer, Schriftgelehrten und Hohenpriester, fast wie entschuldigend bittet, doch zu verstehen, was er als seine eigentliche Aufgabe begreift: dem verlorenen, dem hundertsten Schaf der Herde nachzugehen, und es in seiner Angst für wichtiger zu nehmen als die 99 anderen, die sich scheinbar überhaupt nicht weiter zu ändern brauchen. Dieses hundertste Tier aber, das sich in der Steppe verlaufen hat, liegt einfach kläglich blökend da, ein williges Opfer der Beutegreifer; geht ihm der Hirte nicht nach, so ist es buchstäblich verloren. Doch das entscheidende ist, dass Jesus uns

---

33 Beten mit Karl Rahner", Band 1 „Von der Not und dem Segen des Gebetes", Freiburg-Basel-Wien 2004, eingeleitet von Rudolf Hubert und Roman Anton Siebenrock, S. 67 f

Menschen allesamt so sah: als verlorene und verlaufene Schafe, die von selber durchaus nicht nach Hause finden können. Ist diese Weltsicht nun aber nicht doch eine maßlose Übertreibung? Sollen wir uns denn wirklich alle für Kranke, Elende und Zerbrochene halten? Rebelliert dagegen nicht der gesunde Menschenverstand? Es ist in der Tat die Frage, die unser ganzes Leben bestimmt. Vielleicht wissen wirklich nur diejenigen, die ganz buchstäblich nichts mehr zu verlieren haben, wie bedingungslos wir Menschen darauf angewiesen sind, von Grund auf angenommen zu sein und das Gefühl haben zu dürfen, berechtigt auf der Welt zu sein; solche Menschen aber hoffen unausweichlich auf ein Stück vom Himmel, auf eine Form von Menschlichkeit, die beinahe jeden Menschen überfordert."[34]

---

34 Eugen Drewermann „Dass auch der Allerniedrigste mein Bruder sei", Zürich-Düsseldorf 1998, S. 168

## Zum Autor

Rudolf Hubert, geb. 1958, verh. ,Referent für Caritaspastoral der Caritas im Norden, beschäftigt sich seit seiner Jugend besonders mit der Theologie Karl Rahners und dem Werk Reinhold Schneiders. In der Einleitung zu „Von der Not und dem Segen des Gebetes" (Band 1 der Jubiläumsedition „Beten mit Karl Rahner", Herder, Freiburg 2004, zusammen mit Roman Siebenrock) konnte er seine Erfahrungen beschreiben, ebenso wie in seinem Buch „Im Geheimnis leben".

„Seine anhaltende Beschäftigung und vertiefende Auslegung des Werkes Karl Rahners hat er in der umfassenden Studie zusammengefasst: „Im Geheimnis leben. Zum Wagnis des Glaubens in der Spur Karl Rahners ermutigen." Würzburg: Echter 2013. Dieses Werk kann als vertiefende Auslegung ebenso empfohlen werden wie als mystagogische Anleitung zur eigenen Glaubensfindung- bzw. vertiefung." (Prof. Roman A. Siebenrock)

Weiter Bücher von Rudolf Hubert finden Sie hier:

https://www.bod.de/buchshop/catalogsearch/result/?q=rudolf+hubert

Impressum: **Glaubhaft ist nur Liebe** von Rudolf Hubert

Herausgeber: Hans-Jürgen Sträter, Ausgabe vom 1.Februar 2023

Herstellung und Verlag: BoD - Books on Demand, Norderstedt, ISBN: 9783734715143